школа - skoro	2
путешествие - koiri	5
транспорт - transport	8
город - foto	10
ландшафт - landschap	14
ресторан - restaurant	17
супермаркет - wenkri	20
напитки - dringi	22
еда - nyan	23
ферма - burugron	27
дом - oso	31
гостиная - foroisi	33
кухня - botrali	35
ванная комната - was oso	38
детская комната - pikin kamra	42
одежда - krosi	44
офис - kantoro	49
экономика - ekonomia	51
профессии - kari	53
инструменты - wrokosani	56
музыкальные инструменты - poku sani	57
зоопарк - meti dyari	59
спорт - sport	62
действия - aktifiteit	63
семья - famiri	67
тело - skin	68
больница - ati oso	72
неотложный случай - nowtu	76
земля - grontapu	77
часы - oloisi	79
неделя - wiki	80
год - yari	81
формы - form	83
цвета - kloru	84
противоположности - difrenti	85
цифры - nomru	88
языки - den tongo	90
кто / что / как - suma / sang / fa	91
где - pe	92

Impressum
Verlag: BABADADA GmbH, Nedderfeld 112 , 22529 Hamburg
Geschäftsführer / Verlagsleitung: Harald Hof
Druck: Books on Demand GmbH, In de Tarpen 42, 22848 Norderstedt

Imprint
Publisher: BABADADA GmbH, Nedderfeld 112 , 22529 Hamburg, Germany
Managing Director / Publishing direction: Harald Hof
Print: Books on Demand GmbH, In de Tarpen 42, 22848 Norderstedt, Germany

школа
skoro

классная комната
klas

делить
prati

186/2

доска
bord

школьный двор
skoro dyari

учитель
leriman

бумага
papira

писать
skrifi

ручка
pen

письменный стол
tafra

линейка
lati

книга
buku

ученик
studenti

ранец
skorotas

пенал
kisi

карандаш
skriftiki

точилка
srapu

ластик
sisibi

альбом для рисования
prenki buku

рисунок
prenki

кисточка
kwasi

коробка красок
ferfidosu

ножницы
sisei

клей
gomma

тетрадь
skrifbuku

домашняя работа
skorowroko

цифра
nomru

прибавлять
teri

вычитать
koti

умножать
vermenigvuldig

считать
teri

буква
brifi

алфавит
alfabet

слово
wortu

школа - skoro

текст
awortu

читать
lesi

мел
kreiti

урок
yuru

классный журнал
klasbuku

экзамен
examen

диплом
skoropapira

школьная форма
sem skoro krosi

образование
skoro

энциклопедия
encyklopedie

университет
unifersiteit

микроскоп
mikroskoop

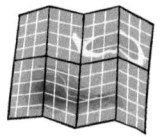
карта
karta

корзина для бумаг
doti embre

школа - skoro

путешествие

koiri

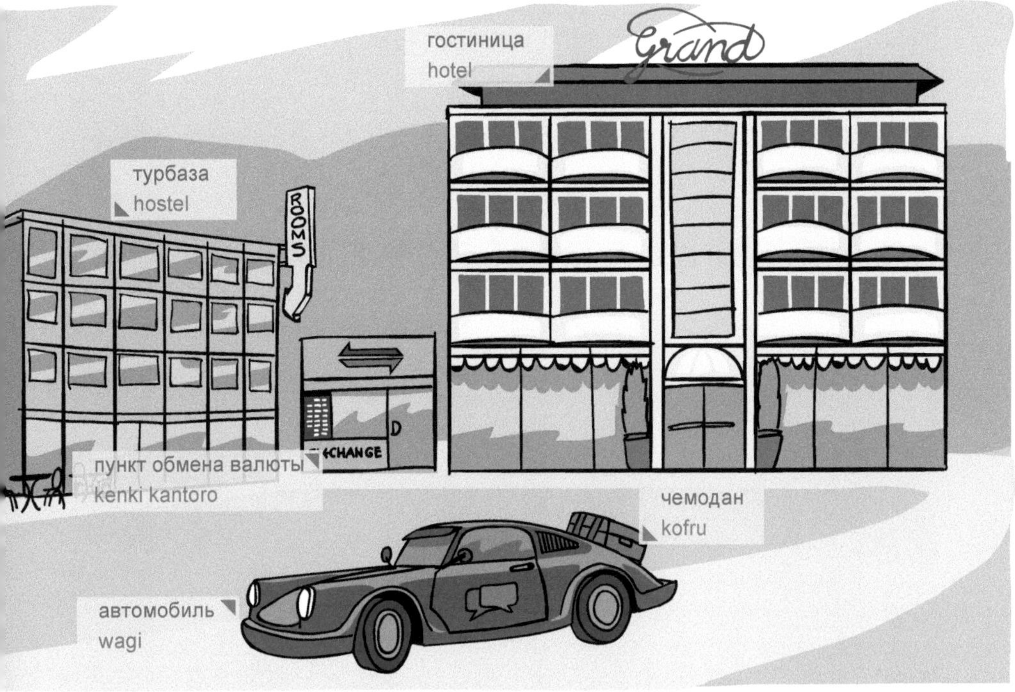

гостиница
hotel
Grand
турбаза
hostel
ROOMS
EXCHANGE
пункт обмена валюты
kenki kantoro
чемодан
kofru
автомобиль
wagi

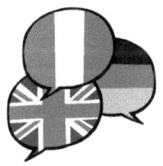

язык

tongo

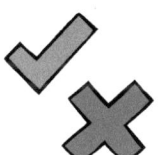

да / нет

ai / no

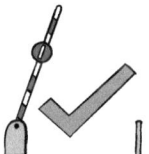

хорошо

afen

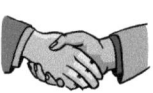

Привет

Ei!

переводчик

torku

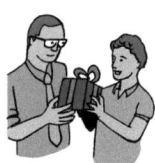

Спасибо

Grantangi

Сколько стоит…? O meni…?	Я не понимаю Mi ne ferstan	проблема problema

Добрый вечер! Kuneti!	Доброе утро! Morgu!	Доброй ночи! Kuneti!

До свидания Adyosi!	направление beni	багаж bagasi

сумка tas	рюкзак tas	гость fisiti

комната kamra	спальный мешок sribi saka	палатка tenti

путешествие - koiri

туристическая информация
reiskantoro

пляж
sekanti

кредитная карточка
kreditkarta

завтрак
mamanten nyanyan

обед
nyanyan

ужин
nyanyan

билет
karta

лифт
lift

почтовая марка
stampu

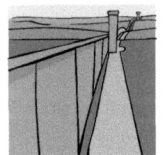

граница
lanki

таможня
douane

посольство
ambassade

виза
fisa

паспорт
pasportu

путешествие - koiri

транспорт
transport

самолёт
isrifowru

корабль
boto

пожарный автомобиль
brandweerwagi

автобус
bus

грузовик
wagi

моторная лодка
motro boto

велосипед
baisigri

автомобиль
wagi

паром
pondo

лодка
boto

мотоцикл
motro

полицейский автомобиль
skowtu wagi

гоночный автомобиль
streilon wagi

арендованный автомобиль
yuru wagi

транспорт - transport

совместное пользование
автомобилями
wagi prati

буксировочный
автомобиль
takelwagi

мусоровоз

doti wagi

двигатель

motro

топливо

oli

заправка

oli pompu

дорожный знак

ferkeermarki

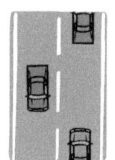

движение

ferkeer

пробка

reylo

автостоянка

parkeerpresi

вокзал

lokopresi

рельсы

rail

поезд

loko

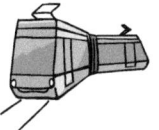

трамвай

loko

вагон

wagi

транспорт - transport

вертолёт
helikopter

аэропорт
opolangi

вышка
fortresi

пассажир
pasasir

контейнер
kontainer

коробка
doso

тележка
wagi

корзина
baskita

взлетать / приземляться
opo go / saka

город
foto

деревня
dorpu

центр города
fotosei

дом
oso

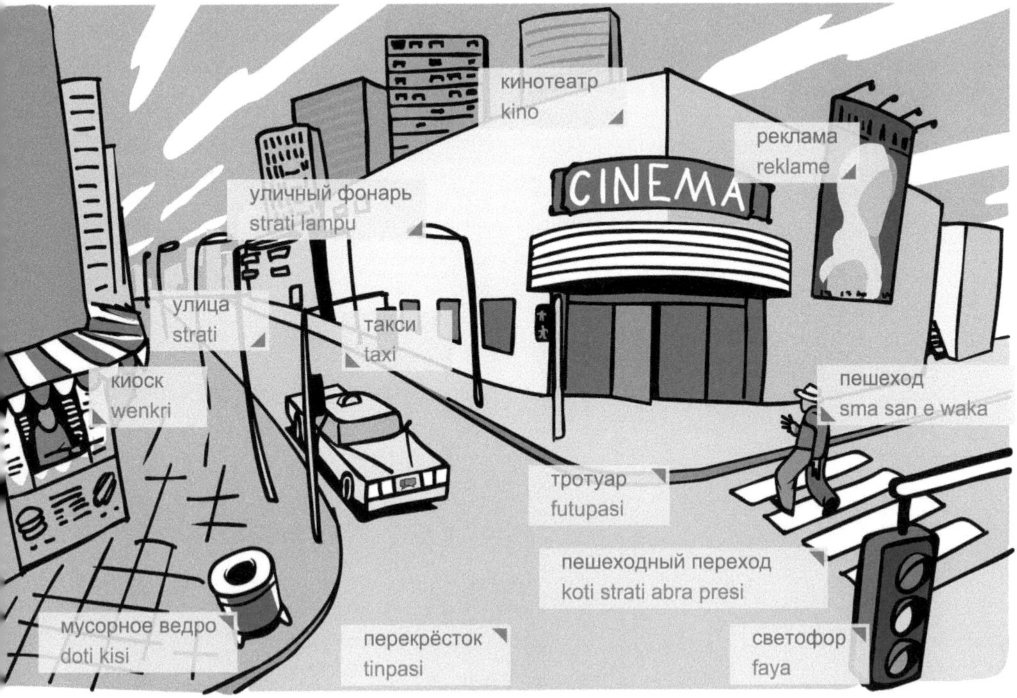

кинотеатр
kino

реклама
reklame

уличный фонарь
strati lampu

улица
strati

такси
taxi

киоск
wenkri

пешеход
sma san e waka

тротуар
futupasi

пешеходный переход
koti strati abra presi

мусорное ведро
doti kisi

перекрёсток
tinpasi

светофор
faya

хижина
kampu

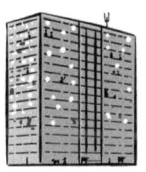

квартира
oso

вокзал
lokopresi

ратуша
foto oso

музей
museum

школа
skoro

город - foto

 университет unifersiteit	 банк bangi	 больница ati oso
 гостиница hotel	 аптека apteiki	 офис kantoro
 книжный магазин buku winkri	 магазин wenkri	 цветочный магазин bromki winkri
 супермаркет wenkri	 рынок wowoyo	 универмаг wowoyo
 торговец рыбой fisi seri man	 торговый центр bigi wenkri	 порт lanpresi

город - foto

 парк / park	 скамейка / bangi	 мост / broki
 лестница / trapu	 метро / fatyawagi	 тоннель / ondrogron-strati
 автобусная остановка / bushalte	 бар / bar	 ресторан / restaurant
 почтовый ящик / brifibus	 табличка с названием улицы / strati nen marki	 паркометр / parkeer marki
 зоопарк / meti dyari	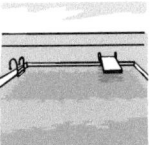 бассейн / swen presi	 мечеть / gado-oso

город - foto

ферма
burugron

загрязнение окружающей среды
doti sani

кладбище
berpe

церковь
kerki

детская площадка
prei presi

храм
gado-oso

ландшафт
landschap

лист — wiwiri
дорожный указатель — pasi marki
дорога — pasi
луг — wei
камень — ston
дерево — bon
путешественник — koiri sma
река — libi
трава — grasi
цветок — bromki

долина
lagi presi

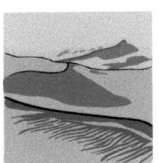
гора
lebriki

озеро
fisi-olo

лес
busi

пустыня
dreisabana

вулкан
bergi

замок
ridder-oso

радуга
alenbo

гриб
todoprasoro

пальма
palmbon

комар
maskita

муха
freifrei

муравей
mira

пчела
waswasi

паук
anansi

ландшафт - landschap

жук
asege

лягушка
todo

белка
bonboni

еж
agidya

заяц
kon koni

сова
owru kuku

птица
fowru

лебедь
gansi

кабан
werder agu

олень
dia

лось
dia

плотина
dan

ветряной генератор
winti miri

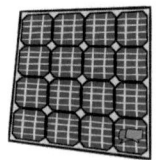
солнечная батарея
son planga

климат
weer

ресторан
restaurant

официант
diniman

меню
nyankarta

стул
sturu

пицца
pissa

суп
supu

столовые приборы
nefi nanga forku

скатерть
tafra duku

закуска
fesi nyanyan

главное блюдо
moro prenspari sortu nyan

десерт
switi sani

напитки
dringi

еда
nyan

бутылка
batra

фастфуд
fastfood

уличная еда
strati nyanyan

чайник
tépatu

сахарница
sukru patu

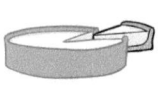
порция
krab'patu

кофеварка
espressomasyin

детский стульчик
pikin sturu

счет
borgu

поднос
brakri

нож
nefi

вилка
forku

ложка
spun

чайная ложка
téspun

салфетка
servet

стакан
grasi

ресторан - restaurant

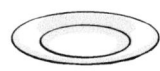  

тарелка — preti

суповая тарелка — supu preti

блюдце — skotriki

 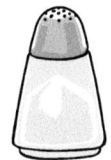 

соус — sowsu

солонка — sowtupatu

мельница для перца — pepre miri

уксус — asin

масло — oli

специи — specerij

кетчуп — ketchup

горчица — mosterd

майонез — mayonaise

супермаркет
wenkri

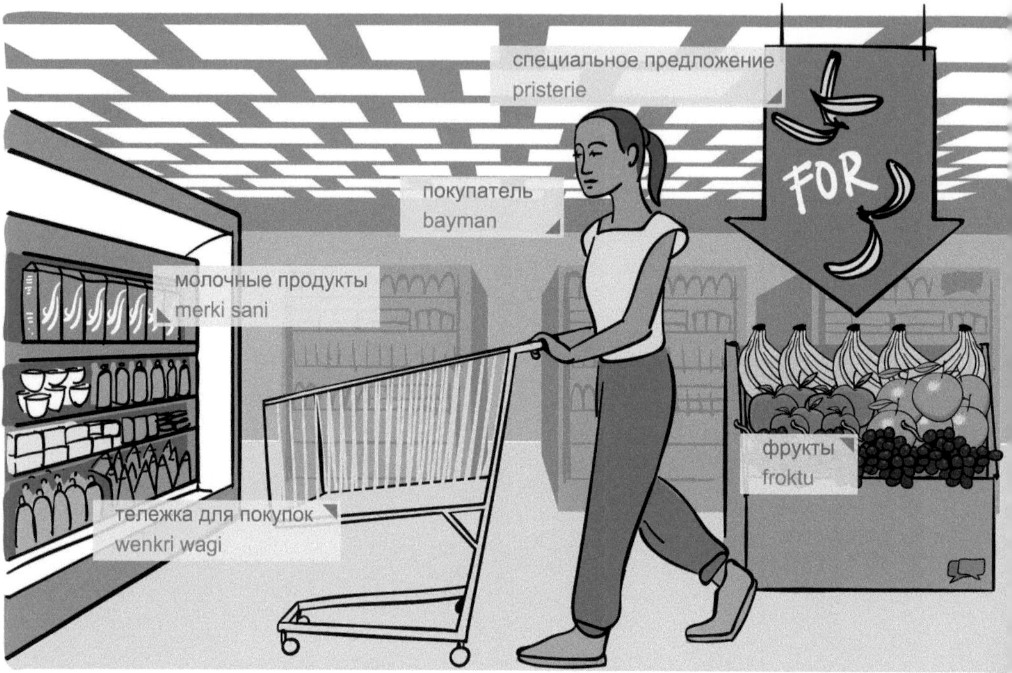

FOR
специальное предложение
pristerie
покупатель
bayman
молочные продукты
merki sani
фрукты
froktu
тележка для покупок
wenkri wagi

BUTCHERS

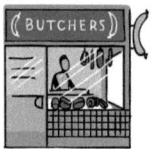

мясной магазин
srakti-oso

BAKERY

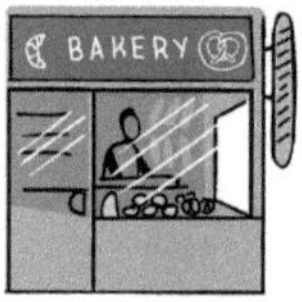

пекарня
bakri-oso

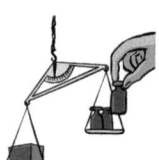

взвешивать
wegi

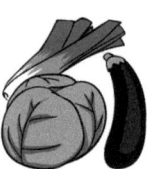

овощи
gruntu

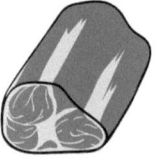

мясо
meti

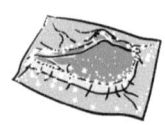

быстрозамороженные продукты
dijskasi sani

нарезка

kowru meti

консервы

blik nyan

стиральный порошок

wasi sani

сладости

switi sani

предмет домашнего обихода

oso sani

моющее средство

sani fu krin

продавщица

seri sma

касса

kas

кассир

kasman

список покупок

bai marki

время работы

opo yuru

бумажник

portmoni

кредитная карточка

kreditkarta

сумка

tas

полиэтиленовый пакет

plastik saka

напитки
dringi

вода
watra

сок
sap

молоко
merki

кока-кола
kola

вино
win

пиво
biri

алкоголь
sopi

какао
skrati

чай
té

кофе
kofi

эспрессо
espresso

капучино
kappuccino

еда

nyan

банан
bakba

яблоко
apra

апельсин
apresina

арбуз
watramun

лимон
sitrun

морковь
rutu

чеснок
konofroku

бамбук
bambu

лук
aiun

гриб
todoprasoro

орехи
noto

лапша
pasta

спагетти — spaghetti

рис — alesi

салат — salade

картофель фри — patata

жареный картофель — baka patata

пицца — pissa

гамбургер — burger

сэндвич — brede

шницель — schnitsel

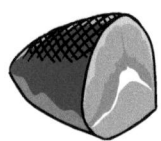

ветчина — ameti

салями — salami

колбаса — worst

курица — kafowru

жаркое — bakadina

рыба — fisi

овсяные хлопья
hafermout

мюсли
muesli

кукурузные хлопья
karuflakes

мука
blon lolo

круассан
croissant

булочка
brede

хлеб
brede

тост
baka brede

печенье
buskutu

масло
botro

творог
kwark

пирог
kuku

яйцо
eksi

яичница
baka eksi

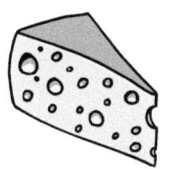

сыр
kasi

еда - nyan

мороженое
ice-cream

сахар
sukru

мёд
oni

мармелад
jam

крем с нугой
sukruskrati pasta

карри
kerrie

ферма
burugron

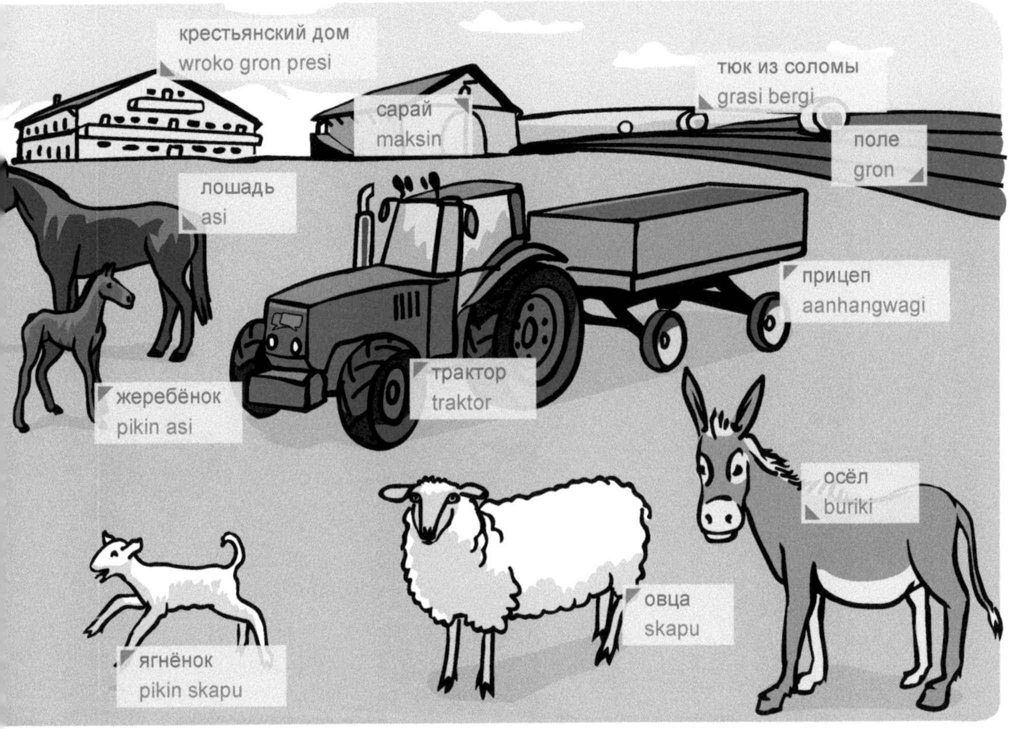

крестьянский дом — wroko gron presi
сарай — maksin
тюк из соломы — grasi bergi
поле — gron
лошадь — asi
прицеп — aanhangwagi
жеребёнок — pikin asi
трактор — traktor
осёл — buriki
овца — skapu
ягнёнок — pikin skapu

коза
krabita

корова
kaw

телёнок
pikin kaw

свинья
agu

поросёнок
pikin agu

бык
burkaw

гусь
gansi

утка
doksi

цыплёнок
pikin fowru

курица
fowru

петух
kakafowru

крыса
alata

кошка
puspusi

мышь
moismoisi

вол
burkaw

собака
dagu

конура
dagu pen

садовый шланг
tuinslang

лейка
watra kan

коса
nefi

плуг
pluga

ферма - burugron

серп
babun-nefi

мотыга
tyapu

навозные вилы
forku

топор
beyri

тачка
kroiwagi

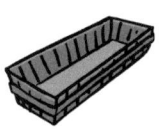
корыто
baki

бидон для молока
merki kan

мешок
saka

забор
skotu

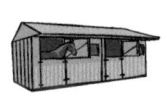
хлев
pen

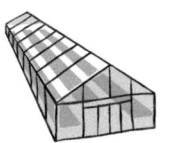
теплица
grun kasi

почва
gron

посев
siri

удобрение
doti

комбайн
maaidorser

ферма - burugron

собирать урожай
koti

урожай
nyanyan

ямс
yami

пшеница
aleisi

соя
soja

картофель
patata

кукуруза
karu

рапс
koro siri

фруктовое дерево
froktu bon

маниок
kasaba

злаки
siri

ферма - burugron

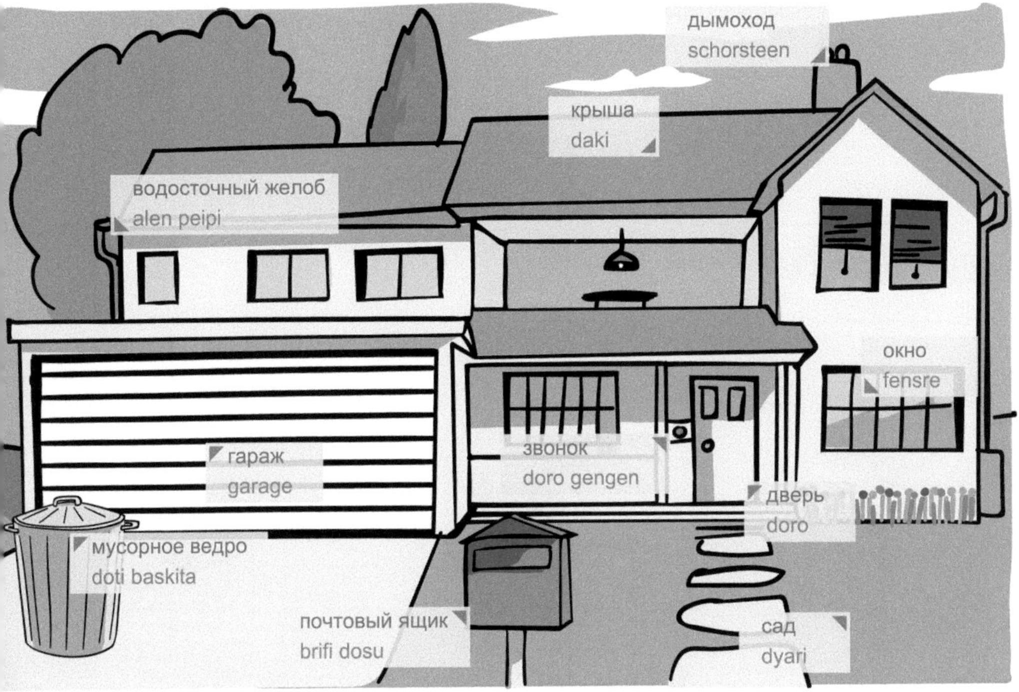

ДОМ
OSO

дымоход
schorsteen

крыша
daki

водосточный желоб
alen peipi

окно
fensre

гараж
garage

звонок
doro gengen

дверь
doro

мусорное ведро
doti baskita

почтовый ящик
brifi dosu

сад
dyari

гостиная

foroisi

ванная комната

was oso

кухня

botrali

спальня

sribikamra

детская комната

pikin kamra

столовая

nyanyan kamra

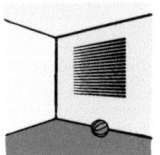	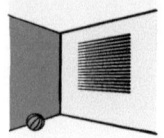	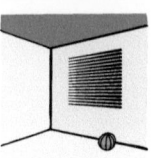
пол gron	стена skotu	потолок plafon

подвал kedre	сауна sauna	балкон barkon
	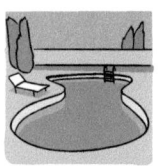	
терраса terras	бассейн swen presi	газонокосилка waimasyin
		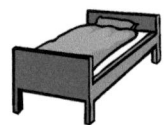
пододеяльник sribikrosi	покрывало sribikrosi	кровать bedi

метла sisibi	ведро embre	выключатель san fu leti faya

гостиная
foroisi

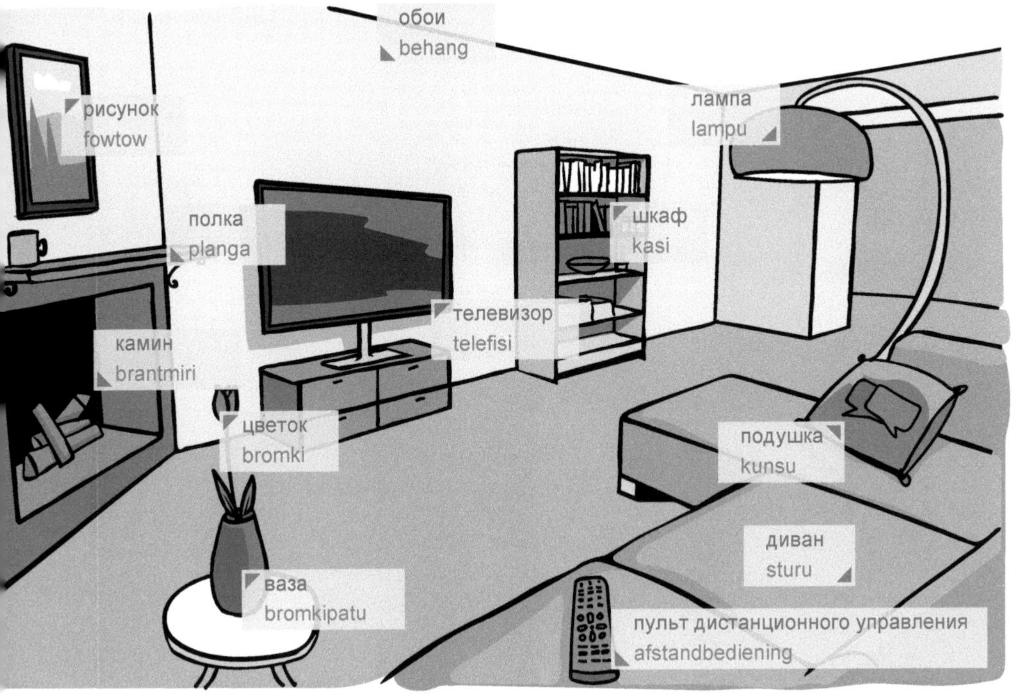

обои / behang
рисунок / fowtow
лампа / lampu
полка / planga
шкаф / kasi
камин / brantmiri
телевизор / telefisi
цветок / bromki
подушка / kunsu
ваза / bromkipatu
диван / sturu
пульт дистанционного управления / afstandbediening

ковёр
matamata

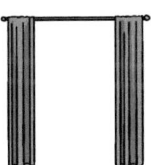

штора
garden

стол
tafra

стул
sturu

кресло-качалка
boboisturu

кресло
sturu

книга buku	покрывало tapun	украшение pranpran

дрова udu	фильм kino	стереосистема stereo- installatie

ключ sroto	газета koranti	картина skedrei

плакат poster	радио konkrudosu	блокнот skrifi buku

пылесос stofsuiger	кактус kaktus	свеча kandra

гостиная - foroisi

кухня
botrali

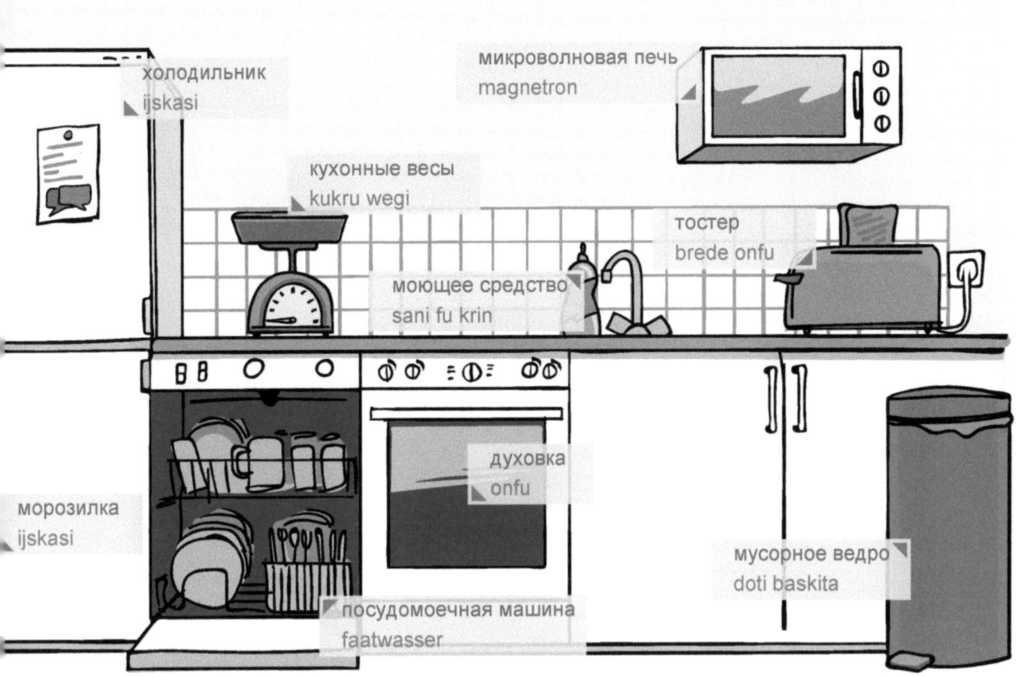

холодильник
ijskasi

микроволновая печь
magnetron

кухонные весы
kukru wegi

тостер
brede onfu

моющее средство
sani fu krin

морозилка
ijskasi

духовка
onfu

мусорное ведро
doti baskita

посудомоечная машина
faatwasser

плита
onfu

кастрюля
patu

чугунный котелок
isri patu

вок / кадай
wok / kadai

сковорода
pan

чайник
ketre

пароварка
dampupatu

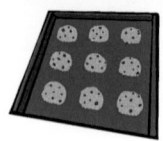

противень
baka preti

посуда
tafra-sani

кружка
kan

миска
koba

палочки для еды
nyantiki

половник
supu spun

лопатка
spatel

сбивалка
klutser

сито
fergiet

сито
dorodoro

тёрка
gritigriti

ступка
mortier

гриль
barbakoto

костёр
faya presi

кухня - botrali

доска
koti planga

скалка
blon lolo

штопор
korkutreki

жестяная банка
tromu

консервный нож
knefi fu opo blik

прихватка
patu duku

раковина
wasibaki

щетка
bosro

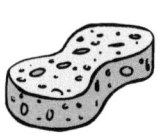

губка
sponsu

миксер
blender

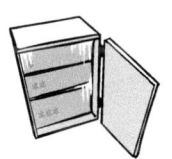

морозильная камера
ijskasi

бутылочка для кормления
beibi batra

кран
kran

кухня - botrali

ванная комната
was oso

душ
douche

отопление
faya

полотенце
wasduku

душевая занавеска
douche garden

пенистая ванна
bubbel wasi

ванна
badkuip

стакан
grasi

стиральная машина
wasmasyin

кран
kran

плитка
tegel

горшок
pisi patu

раковина
wasibaki

туалет
kumakoisi

напольный унитаз
kumakoisi

биде
bidet

писсуар
pisi presi

туалетная бумага
kumakoisi papira

ершик
kumakoisi bosro

зубная щётка
tifi bosro

зубная паста
tandpasta

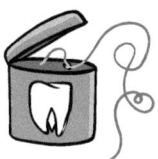

зубная нить
floss

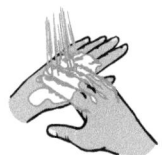

мыть
wasi

ручной душ
douche

интимный душ
kumakoisi douche

таз
was koba

щетка для спины
baka bosro

мыло
sopo

гель для душа
douchegel

шампунь
sopo

мочалка
was krosi

сток
afvoer

крем
krème

дезодорант
okselstik

ванная комната - was oso   39

зеркало
spikri

ручное зеркало
moimoi fu fesi spikri

бритва
sebinefi

пена для бритья
sebiskuma

лосьон после бритья
aftershave

расческа
kankan

щетка
bosro

фен
wiri drei masyin

лак для волос
wirispray

косметика
moimoi fu fesi

губная помада
lippenstift

лак для ногтей
nangra ferfi

вата
katun

маникюрные ножницы
nangra sey

духи
switi smeri

ванная комната - was oso

косметичка
tas gi krin sani

табуретка
kroku

весы
wegi

халат
was dyaki

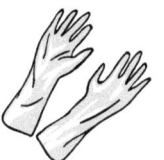
резиновые перчатки
handschoen fu krin

тампон
tampon

гигиеническая прокладка
munduku

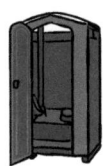
биотуалет
kumakoisi

ванная комната - was oso

детская комната

pikin kamra

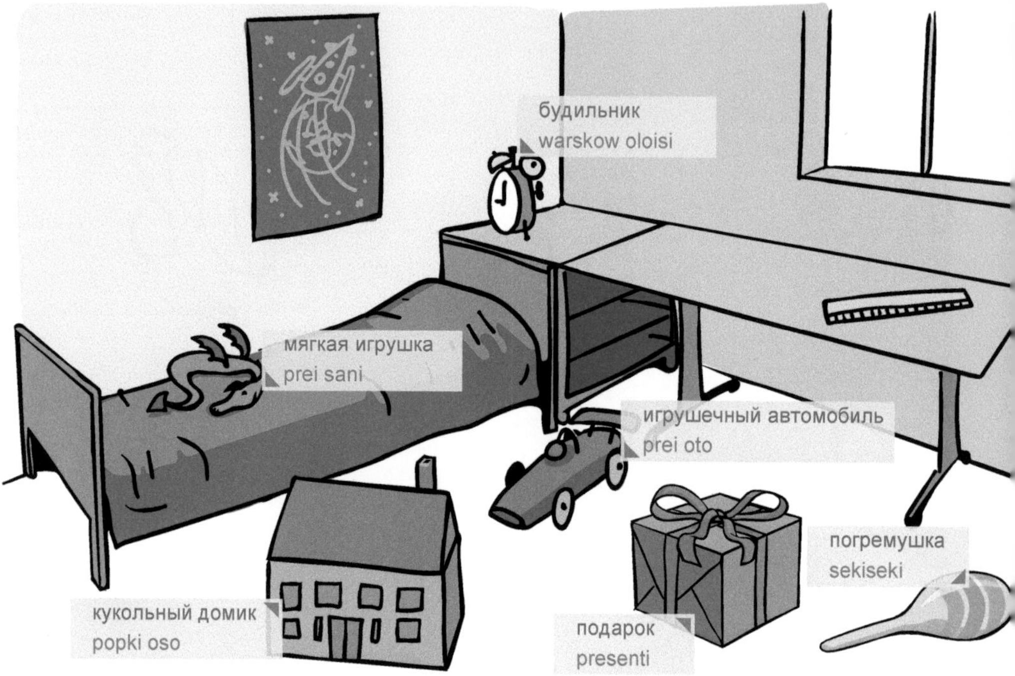

будильник
warskow oloisi
мягкая игрушка
prei sani
игрушечный автомобиль
prei oto
погремушка
sekiseki
кукольный домик
popki oso
подарок
presenti

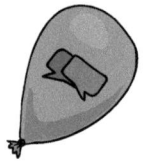

воздушный шар

ballon

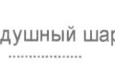

кровать

bedi

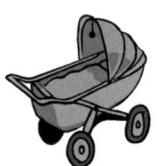

детская коляска

beibiwagi

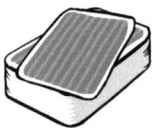

карточная игра

paki karta

пазл

laytori

SUPER
MEGA

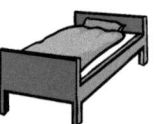

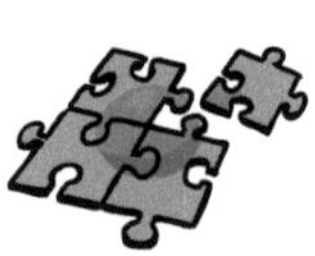

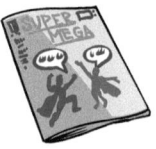

комикс

strip torie

кирпичики Лего
lego ston

кубики
prei sani

игрушечная фигурка
aktiefiguurtje

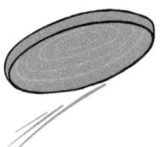
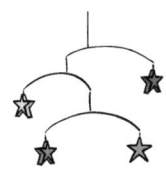

ползунки
beibikrosi

фрисби
frisbee

мобиле
mobile

настольная игра
prei tapu bord

кубик
prei ston

модель железной дороги
prei sani loko

соска
bobimofo

вечеринка
fesa

книга с картинками
prenki buku

мяч
bal

кукла
popki

играть
prei

песочница
santi baki

качели
boboisturu

игрушка
preisani

игровая приставка
prei komputer

трёхколесный велосипед
baysigri

плюшевый медвежонок
prei sani

шкаф для одежды
krosi kasi

одежда
krosi

носки
kowsu

чулки
kowsu

колготки
kowsu

44　　одежда - krosi

одежда - krosi

боди	брюки	джинсы
skin	bruku	jeansbruku

юбка	блузка	рубашка
koto	blus	empi

свитер	свитер	спортивная куртка
empi	dyaki	djakti

жакет	пальто	плащ
dyakti	alendyakti	alendyakti

костюм	платье	свадебное платье
paki	yapon	trowyapon

мужской костюм	ночная сорочка	пижама
paki	sribikrosi	sribikrosi

сари	платок	тюрбан
sari	angisa	tulband

паранджа	кафтан	абайя
burka	kaftan	abaya

купальник	плавки	шорты
swenkrosi	swenbruku	syatu bruku

спортивный костюм	фартук	перчатки
training paki	feskoki	handschoen

одежда - krosi

пуговица knopo	очки aygrasi	браслет anubuy

цепочка keti	кольцо linga	серьга yesilinga

шапка ati	вешалка krosi anga	шляпа ati

галстук tay	застежка молния rits	шлем feti musu

подтяжки bretel	школьная форма sem skoro krosi	форма sem krosi

одежда - krosi

детский нагрудник
slabbetje

соска
bobimofo

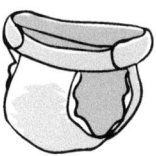
подгузник
pisiduku

офис
kantoro

сервер / server

канцелярский шкаф / archief kasi

принтер / printer

монитор / monitor

бумага / papira

мышь / moisi

письменный стол / tafra

папка / map

клавиатура / keyboard

корзина для бумаг / doti embre

стул / sturu

компьютер / komputer

кофейная кружка
kofi kan

калькулятор
kalkulator

интернет
internet

ноутбук
laptop

письмо
brifi

сообщение
boskopu

мобильный телефон
konkrutitei

сеть
neti

ксерокс
kopi masyin

программа
software

телефон
konkrutitei

розетка
stopkontakt

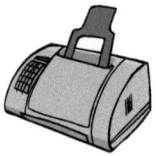

факс
fax masyin

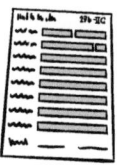

формуляр
formulier

документ
papira

офис - kantoro

экономика
ekonomia

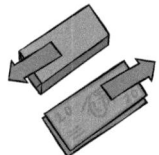
покупать
bai

платить
pai

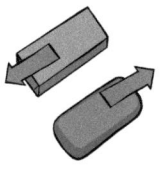
торговать
du

деньги
moni

доллар
dollar

евро
euro

иена
yen

рубль
rubel

франк
frank

жэньминьби юань
renminbi yuan

рупия
rupie

банкомат
monimasyin

пункт обмена валюты	золото	серебро
kenki kantoro	gowtu	solfru

нефть	энергия	цена
oli	krakti	prijs

  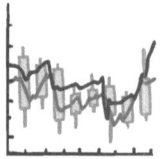

договор	налог	акция
kontrakti	lantimoni	pisi

работать	служащий	работодатель
wroko	wrokoman	wrokobasi

фабрика	магазин
fabrik	wenkri

экономика - ekonomia

профессии
kari

милиционер
skowtu

пожарный
brandweerman

повар
boriman

врач
datra

пилот
piloot

садовник

djariman

столяр

temreman

швея

modist

судья

krutubasi

химик

scheikunde sma

актёр

akteur

водитель автобуса — таксист — рыбак

sjafeur — taximan — fisiman

уборщица — кровельщик — официант

krinsma — dakitapu man — diniman

охотник — художник — пекарь

ontiman — ferfiman — bakriman

электрик — строитель — инженер

elektrikman — bow-wroko man — ensjinoru

мясник — сантехник — почтальон

sraktiman — loodgieter — postbode

профессии - kari

солдат
srudati

архитектор
architekt

кассир
kasman

флорист
bromkisma

парикмахер
seti sma wiri man

кондуктор
kondukteur

механик
monteur

капитан
kapten

зубной врач
tifidatra

ученый
sabiman

раввин
Dyu domri

имам
Moslim domri

монах
moniki

священник
priester

профессии - kari

инструменты
wrokosani

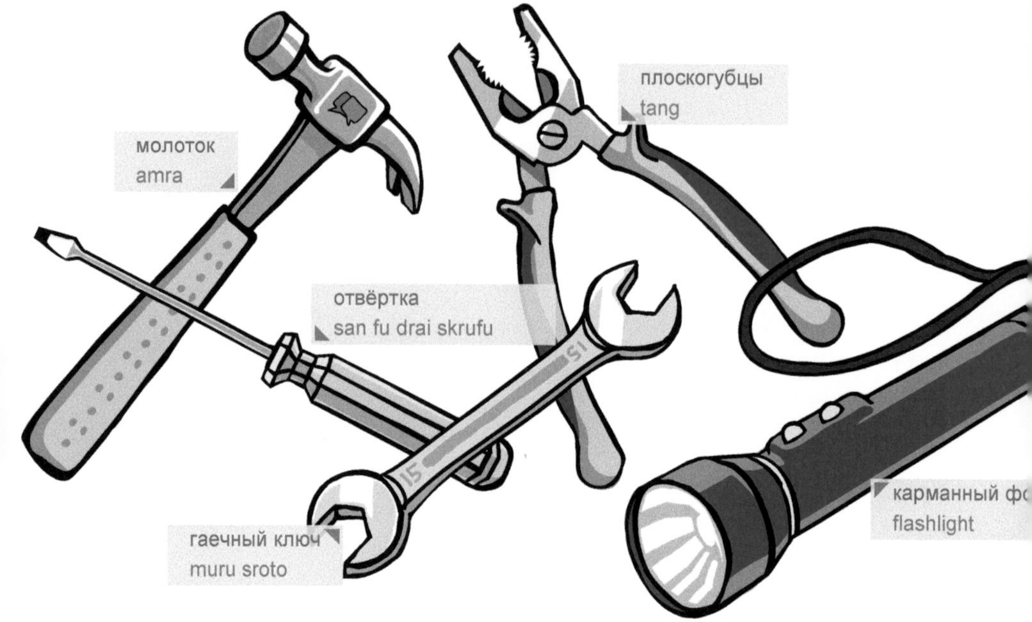

молоток
amra

плоскогубцы
tang

отвёртка
san fu drai skrufu

гаечный ключ
muru sroto

карманный фо
flashlight

экскаватор
dikimasyin

ящик для инструментов
wrokosani kisi

стремянка
trapu

пила
sa

гвозди
spikri

дрель
boro

ремонтировать
meki

лопата
skepi

Блин!
Baya!

совок
stofblik

ведро с краской
ferfi patu

винты
skrufu

музыкальные инструменты
poku sani

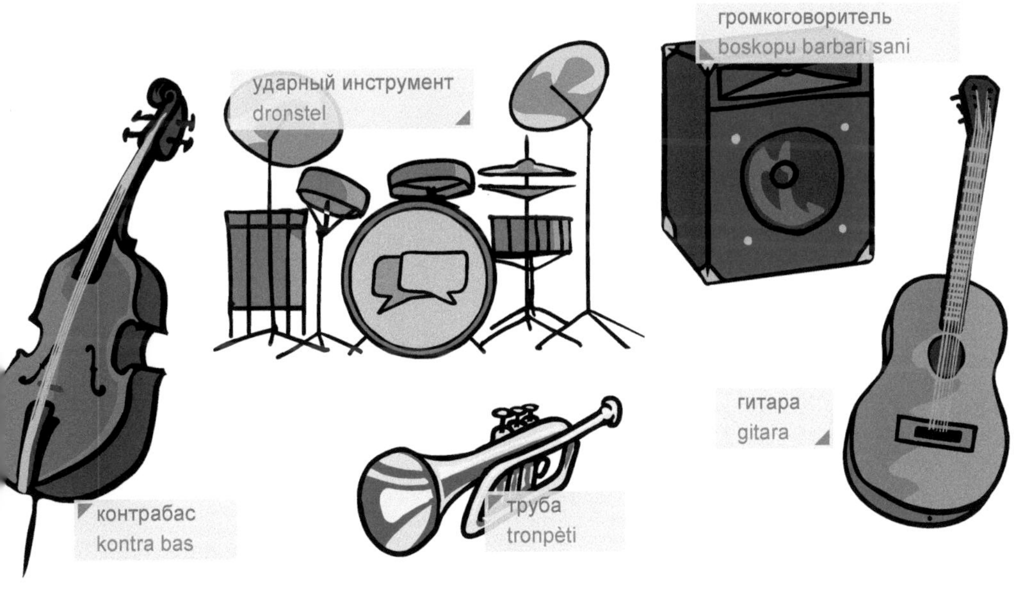

ударный инструмент
dronstel

громкоговоритель
boskopu barbari sani

гитара
gitara

контрабас
kontra bas

труба
tronpèti

| пианино | скрипка | бас-гитара |
| piano | finyoro | bas |

| литавры | барабан | синтезатор |
| pauk | dron | keyboard |

| саксофон | флейта | микрофон |
| saxofon | froiti | mikrofon |

музыкальные инструменты - poku sani

зоопарк
meti dyari

вход
mofodoro

тигр
tigri

клетка
pen

зебра
sabanaburiki

корм
meti nyan

панда
panda

животные
meti

слон
asaw

кенгуру
kangeru

носорог
neushoorn

горилла
gorilla

медведь
beer

верблюд
kameri

страус
stroisifowru

лев
lew

обезьяна
monki

фламинго
korikori

попугай
popokai

белый медведь
ijsbeer

пингвин
pinguïn

акула
sarki

павлин
prodokaka

змея
sneki

крокодил
kaiman

служитель зоопарка
sma san e sorgu meti

тюлень
sedagu

ягуар
penitigri

зоопарк - meti dyari

пони
pikin asi

леопард
penitigri

бегемот
watrabofru

жираф
giraf

орёл
aka

кабан
werder agu

рыба
fisi

черепаха
sekrepatu

морж
walrus

лиса
sabanadagu

газель
dia

зоопарк - meti dyari

спорт
sport

американский футбол
Amerkan futubal

езда на велосипеде
rèi baisigri

теннис
tennis

баскетбол
basketbal

плавание
swen

бокс
boks

хоккей
ijshockey

футбол

futubal

бадминтон

badminton

лёгкая атлетика

atletiek

гандбол

anubal

лыжный спорт

skiën

поло

polo

действия
aktifiteit

писать	рисовать	показывать
skrifi	hari	sori

нажимать	давать	брать
pusu	gi	teki

иметь
abi

делать
dati

быть
de

стоять
tnapu

бежать
lon

тянуть
hari

бросать
trowe

падать
fadon

лежать
lei

ждать
wakti

носить
tyari

сидеть
sidon

надевать
weri

спать
sribi

просыпаться
wiki

рассматривать
luku

плакать
krei

гладить
korikori

причесывать
kan

говорить
taki

понимать
ferstan

спрашивать
aksi

слушать
arki

пить
dringi

кушать
nyanyan

наводить порядок
krin

любить
lobi

готовить
bori

ехать
rei

летать
frei

действия - aktifiteit

 ходить под парусом seiri	 считать teri	 читать lesi
 учиться leri	 работать wroko	 вступать в брак trow
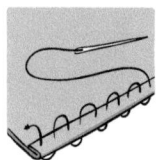 шить nai	 чистить зубы krintifi	 убивать kiri
 курить smoko	 отправлять seni	

семья
famiri

бабушка / granmama
дедушка / granpapa
папа / papa
мама / mama
младенец / beibi
дочь / umapikin
сын / manpikin

гость
fisiti

тетя
tanta

дядя
omu

брат
brada

сестра
sisa

тело
skin

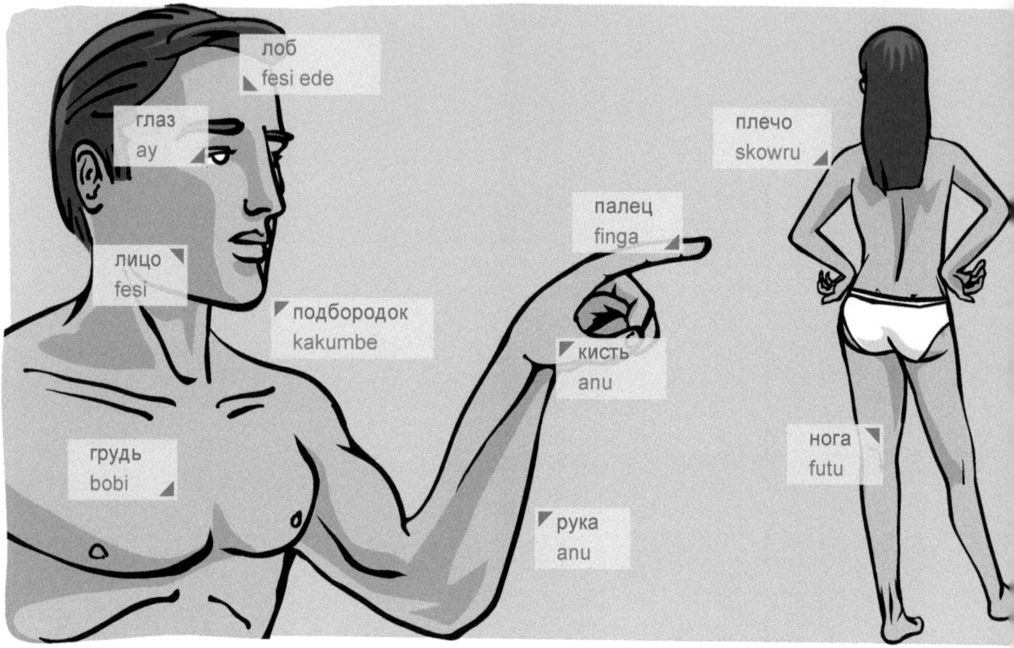

лоб
fesi ede

глаз
ay

плечо
skowru

палец
finga

лицо
fesi

подбородок
kakumbe

кисть
anu

грудь
bobi

нога
futu

рука
anu

младенец
beibi

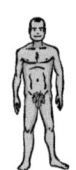

мужчина
man

женщина
uma

девочка
uma pikin

мальчик
boi

голова
ede

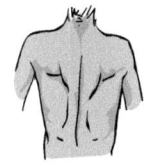
спина
baka

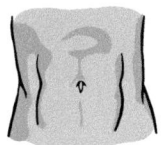
живот
bere

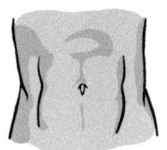
пупок
kumba

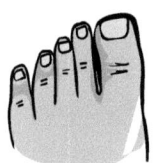
палец ноги
futufinga

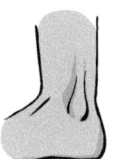
пятка
bakafutu

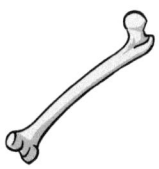
кость
bonyo

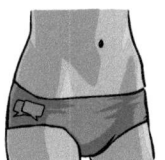
бедро
djonku

колено
kindi

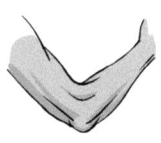
локоть
baka anu

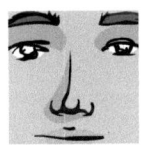
нос
noso

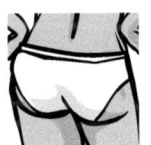
ягодицы
bakasei

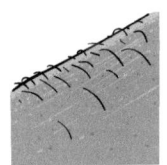
кожа
skin

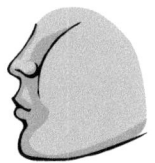
щека
seifesi

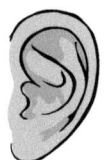
ухо
yesi

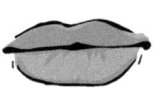
губа
mofobuba

тело - skin

рот
mofo

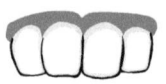

зуб
tifi

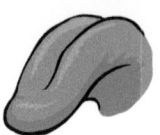

язык
tongo

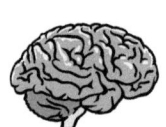

мозг
ede tonton

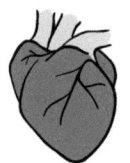

сердце
ati

мышца
titei

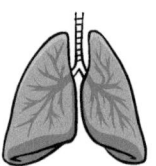

лёгкое
fokofoko

печень
lefre

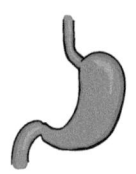

желудок
bere

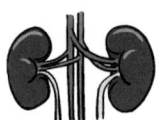

почки
niri

половой акт
freiri

презерватив
pipikowsu

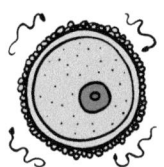

яйцеклетка
eksi

сперма
siri

беременность
bere

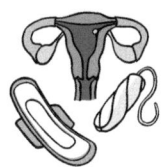
менструация
munsiki

вагина
umapresi

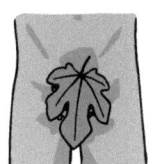
пенис
toli

бровь
atapu-ay-wiwiri

волосы
wiwiri

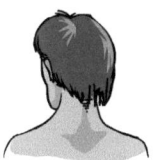
шея
neki

тело - skin

больница
ati oso

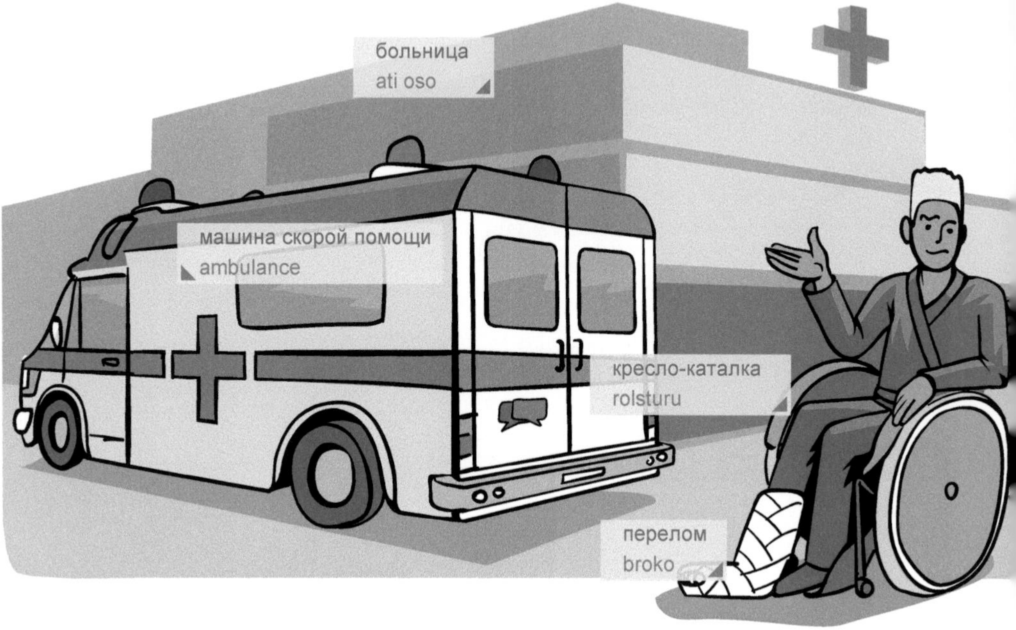

больница
ati oso

машина скорой помощи
ambulance

кресло-каталка
rolsturu

перелом
broko

врач

datra

пункт первой помощи

EHBO

медсестра

suster

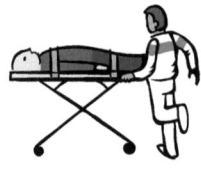

неотложный случай

nowtu

без сознания

flaw

боль

pen

	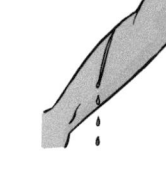	
повреждение soro	кровотечение brudu	инфаркт ati siki

инсульт bururtu	аллергия trefu	кашель koso

повышенная температура kortsu	грипп griep	понос lusu bere
		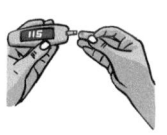
головная боль ede-ati	рак takrusiki	диабет sukru

хирург chirurg	скальпель skalpel	операция operâsi

больница - ati oso

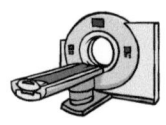
КТ
CT

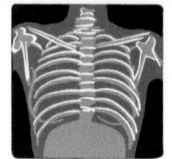
рентген
röntgen

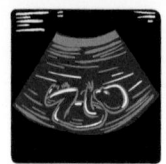
ультразвук
echo

маска
fesi maskradu

болезнь
siki

приёмная
wakti kamra

костыль
kroku

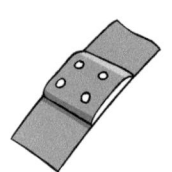
пластырь
duku

бинт
duku

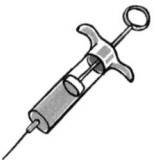
укол
spoiti

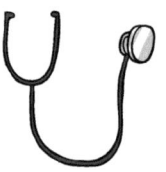
стетоскоп
stethoskoop

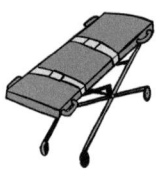
носилки
brandkard

термометр
temperatuur marki

рождение
gebore

избыточный вес
fatu

больница - ati oso

слуховой аппарат
masyin fu yere

дезинфекционное средство
sani fu krin

инфекция
dyomposiki

вирус
firus

ВИЧ / СПИД
HIV / AIDS

лекарство
dresi

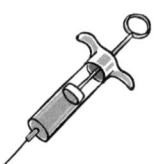
прививка
faksinasi

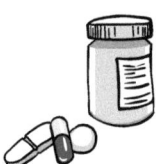
таблетки
perki

противозачаточная таблетка
perki

экстренный вызов
nowtu nomru

прибор для измерения кровяного давления
brudu marki

больной / здоровый
siki / gesontu

больница - ati oso

неотложный случай
nowtu

Помогите!
Yepi!

сигнал тревоги
warskow

нападение
feti

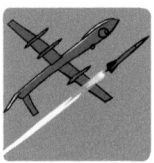
атака
feti

опасность
ogri

запасной выход
a nowtu doro

Пожар!
Faya!

огнетушитель
fayakiri sani

несчастный случай
mankeri

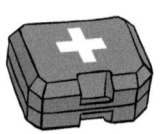
аптечка
EHBO-kofru

SOS
SOS

милиция
skowtu

земля
grontapu

Европа

Bakrakondre

Северная Америка

Opo-Amerkan

Южная Америка

Suid-Amerkan

Африка

Afrika

Азия

Asi

Австралия

Australia

Атлантический океан

Atlantis Se

Тихий океан

Tan tiri Se

Индийский океан

Indisch Se

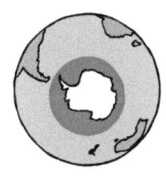

Антарктический океан

Suidsei Se

Северный Ледовитый океан

Noordsei Se

Северный полюс

Noordsei

Южный полюс	Антарктика	земля
Suidsei	Antartika	grontapu

  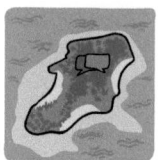

суша	море	остров
kondre	se	eilanti

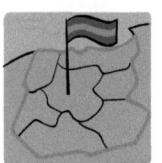 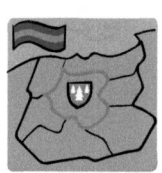

нация	государство
nâsi	lanti

часы
oloisi

циферблат — oloisi fesi

часовая стрелка — yuru sori

минутная стрелка — miniti sori

  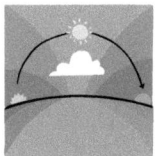

секундная стрелка — sekonde sori

Который час? — O lati a de?

день — dey

время — ten

сейчас — now

электронные часы — oloisi

минута — miniti

час — yuru

часы - oloisi

неделя
wiki

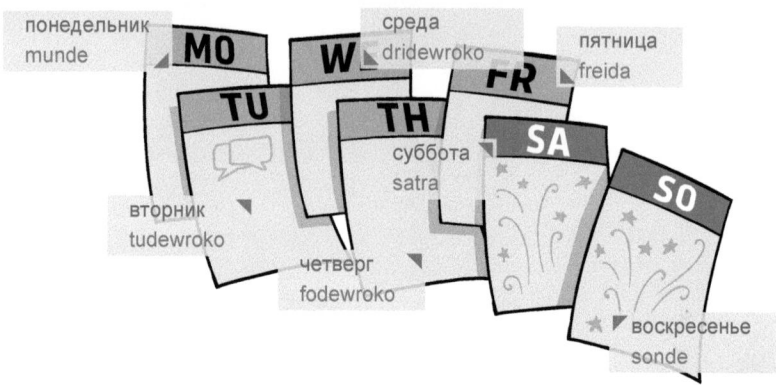

понедельник
munde

среда
dridewroko

пятница
freida

вторник
tudewroko

четверг
fodewroko

суббота
satra

воскресенье
sonde

вчера
esde

сегодня
tide

завтра
tamara

утро
mamanten

полдень
bakadina

вечер
neti

рабочие дни
den wrokodei

выходные
weekend

год

yari

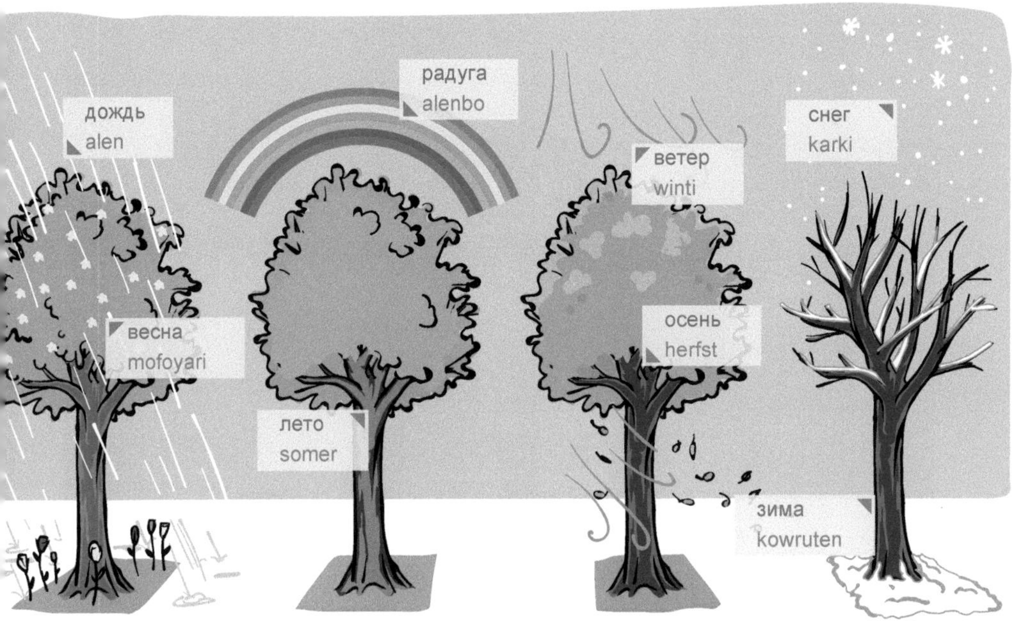

дождь
alen
радуга
alenbo
ветер
winti
снег
karki
весна
mofoyari
осень
herfst
лето
somer
зима
kowruten

4.APRIL 11°
5.APRIL 4°
6.APRIL 13°
7.APRIL 8°
8.APRIL 10°

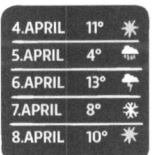

прогноз погоды

taki fu a weer

F C
120 90 60 30 0 -30
40 30 20 10 0 -10 -20

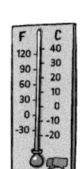

термометр

thermometer

солнечный свет

skèin fu a son

туча

wolku

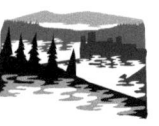

туман

dow

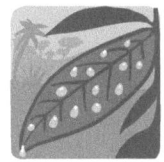

влажность воздуха

loktu foktu

молния
faya

гром
dondru

буря
sekiwatra

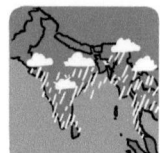

град
agra

муссон
bigi skwala

наводнение
frudu

лёд
èisi

январь
januari

февраль
februari

март
maart

апрель
april

май
mei

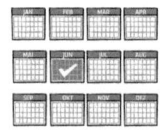
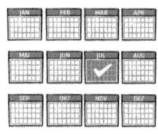
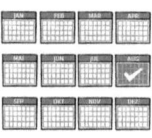

июнь
juni

июль
juli

август
augustus

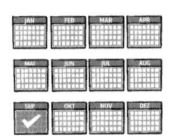
сентябрь
september

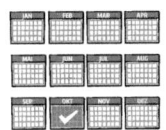
октябрь
oktober

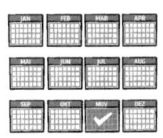
ноябрь
nofember

декабрь
december

формы
form

круг
lontu

квадрат
fokanti

прямоугольник
fokanti naga langa sei

треугольник
dri-uku

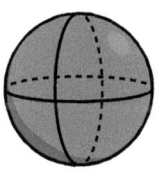
шар
lontu

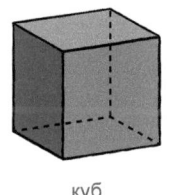
куб
kubus

цвета
kloru

белый

witi

желтый

geri

оранжевый

alanya

розовый

ròs

красный

redi

лиловый

lila

синий

blaw

зелёный

grun

коричневый

broin

серый

grei

черный

blaka

противоположности
difrenti

много / мало

tumsi / wanwan

яростный / мирный

atibron / tiri

красивый / уродливый

moi / takru

начало / конец

begin / kba

большой / маленький

bigi / ptyin

светлый / тёмный

lekti / dungru

брат / сестра

brada / sisa

чистый / грязный

krin / doti

полный / неполный

krinkrin / no bun nofo

день / ночь

dei / neti

мёртвый / живой

dede / libi

широкий / узкий

bradi / smara

съедобный / несъедобный
kan nyan / no kan nyan

злой / дружелюбный
takru / bun

взволнованный / скучающий
prisiri / ferferi

толстый / худой
fatu / fini

сначала / в конце
fosi / lasti

друг / враг
mati / feyanti

полный / пустой
furu / leigi

твёрдый / мягкий
tranga / safu

тяжёлый / лёгкий
hebi / lekti

голод / жажда
angri / dreineki

больной / здоровый
siki / gesontu

незаконный / законный
no gi pasi / tru

умный / глупый
koni / don

слева / справа
kruktu / leti

близко / далеко
gi / fara

противоположности - difrenti

新ый / подержанный
nyun / owru

ничто / нечто
noti / wan sani

старый / молодой
owru / jongu

включено / выключено
leti / tapu

открыто / закрыто
oro / tapu

тихо / громко
safu / tranga

богатый / бедный
gudu / poti

правильный /
неправильный
bun / fowtu

шероховатый / гладкий
grofu / grati

печальный / счастливый
sari / breiti

короткий / длинный
shatu / langa

медленный / быстрый
loli / esi-esi

мокрый / сухой
nati / drei

тёплый / прохладный
warang / kowru

война / мир
feti / freide

противоположности - difrenti

цифры
nomru

0 ноль — noti

1 один — wan

2 два — tu

3 три — dri

4 четыре — fo

5 пять — feifi

6 шесть — siksi

7 семь — seibi

8 восемь — aiti

9 девять — neigi

10 десять — tin

11 одиннадцать — erfu

12 двенадцать
twarfu

13 тринадцать
tin-na-dri

14 четырнадцать
tin-na-fo

15 пятнадцать
tin-na-feifi

16 шестнадцать
tin-na-siksi

17 семнадцать
tin-na-seibi

18 восемнадцать
tin-na-aiti

19 девятнадцать
tin-na-neigi

20 двадцать
twenti

100 сто
hondru

1.000 тысяча
dusun

1.000.000 миллион
milyun

цифры - nomru

ЯЗЫКИ
den tongo

английский
Ingristongo

американский английский
Amerkan Ingristongo

мандаринский китайский
Sneisi Mandarijntongo

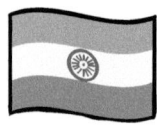

хинди
Hinditongo

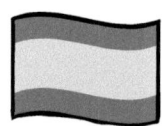

испанский
Spanyoro

французский
Frans

арабский
Arabiatongo

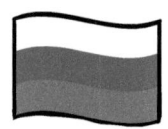

русский
Rusitongo

португальский
Potogisi

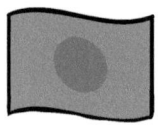

бенгальский
Bengalitongo

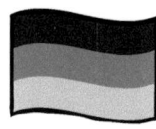

немецкий
Doisritongo

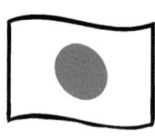

японский
Japantongo

кто / что / как
suma / sang / fa

я
mi

ты
yu

он / она / оно
en / en / en

мы
unu

вы
yu

они
den

кто?
suma?

что?
san?

как?
fa?

где?
pe?

когда?
oten?

имя
nen

где
ре

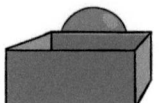

за
baka

в
ini

перед
fesi

над
abra

на
tapu

под
ondro

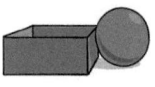

рядом
na sei

между
mindri

место
presi